EINLADUNG

ZUR

ADEMISCHEN FEIER DES GEBURTSFESTES

SEINER MAJESTÄT DES KÖNIGS

KARL VON WÜRTTEMBERG

AUF DEN 6. MÄRZ 1875

NAMEN DES RECTORS UND AKADEMISCHEN SENATS

DER

KÖNIGLICHEN EBERHARD-KARLS-UNIVERSITÄT TÜBINGEN.

BEIGEFÜGT IST:

DER ATHARVAVEDA IN KASCHMIR

VON

R. ROTH.

TUBINGEN,
GEDRUCKT BEI HEINRICH LAUPP.

1875.

Die Universität wird den am 6. März bevorstehenden Geburtstag

Seiner Majestät unseres gnädigsten Königs

feierlich begehen. Die Festrede wird halten

Dr Hermann Seeger,

o. Professor der Rechte
d. Z. Rector der Universität

Ueber Philosophie des Strafrechtes.

Dazu werden alle Mitglieder und Freunde der Universität auf den genannten Tag, Vormittags nach Beendigung des öffentlichen Gottesdienstes, in den Festsaal geziemendst eingeladen.

Rector und akademischer Senat.

Der Atharvaveda in Kaschmir.

Für die vor bald zwanzig Jahren von W. D. Whitney und mir veranstaltete Ausgabe des Atharvaveda sind alle damals bekannten Hilfsmittel verwandt worden. Whitney hat in Berlin Paris London Oxford sämmtliche Handschriften verglichen, die in öffentlichen Sammlungen sich befanden. Überall ergab sich derselbe Text, nirgends — was wir sonst in der Sanskritliteratur beinahe als Regel gewohnt sind — eine Verschiedenheit der Redaction, wirkliche Varianten. Dagegen zeigte sich eine Menge von kleineren Abweichungen der Handschriften unter sich, welche auf Ungenauigkeit beruhen mussten, und darunter zahlreiche Fälle, in welchen es mit den vorhandenen kritischen Mitteln nicht möglich war eine sichere Entscheidung zu treffen, wie z. B. wenn es sich um Wörter handelte, welche sonst unbekannt und der Etymologie nicht zugänglich waren.

Dieser Unsicherheit abzuhelfen war möglich durch Herbeischaffung weiterer guter Handschriften.

Sobald die nahe Aussicht auf Vollendung des Wörterbuchs die Wiederaufnahme des Atharvan zuliess, bin ich daher bemüht gewesen das fehlende aus Indien zu erlangen, und zwar aus verschiedenen Theilen des Landes. Und ich verdanke es der Güte gelehrter Freunde, sowie der Liberalität der Behörden, dass mir wirklich drei weitere vollständige Handschriften des genannten Veda vorliegen.

Der Süden der Halbinsel, wo vordem die Gelehrsamkeit, auch die vedische, an mehreren Mittelpunkten geblüht hat, bewahrt, wie wir erst seit kurzem genauer wissen, noch manches Schriftwerk, das unter dem gewöhnlichen Apparat des Gelehrten in Hindustan nicht mehr, vorkommt, oder auch abweichende Recensionen allgemein bekannter Bücher wie z. B. von Dramen und Gedichten. Von dort hat Dr A. Burnell der Oberrichter der Provinz Süd Kanara, welcher die wenige Musse, die ihm sein Amt lässt, zu den verdienstlichsten wissenschaftlichen Arbeiten verwendet, mir eine Abschrift der Nummern 2526 und 2527 in der fürstlichen Bibliothek zu Tandjore geschickt. Sie bilden zusammen ein vollständiges Exemplar des Samhitâ Pâṭha. Der Atharvan scheint im Süden keinen Boden gefunden zu haben, und die betreffenden Handschriften sollen aus Benares nach Tandjore gebracht sein. Übrigens hält Dr Burnell für möglich, dass in den inneren Provinzen noch etwas zum Vorschein komme.

Aus Benares, dem Sitz der Literatur im Gangesland, kommt eine Handschrift, welche Dr R. Hörnle kürzlich dort von einem Brahmanen kaufte, ein vollständiger Text in Samhitâ Pâṭha, zwar noch sehr jungen Datums aus dem J. 1824, aber äusserst sorgfältig geschrieben und durchkorrigiert. Dieselbe ist weit correcter als sonst Handschriften dieses Veda zu sein pflegen und leistet darum sehr gute Dienste. Der Name des Schreibers Paṭuvardhana Viṭhala scheint auf Ursprung im Dekkhan zu weisen.

Die empfindlichste Lücke in der Reihe der bisherigen Hilfsmittel lag aber darin, dass für Buch 19 und für 20, 127 bis 136 kein Pada Text in Europa vorhanden war. Ja es konnte scheinen, als ob die genannten Theile des Veda, welche auch in anderen Beziehungen eine gesonderte Stellung einnehmen, jene Art der Bearbeitung, die für Feststellung des Wortlauts wie für die Erklärung uns gleich wichtige Beihilfe leisten konnte, gar nicht vorhanden wäre. Eine von der Re-

gierung in Bombay, Educational Department, mir zur Benützung
gesandte dem Deccan College in Poona gehörige vollständige Padahandschrift füllt nun die Lücke aus und löst die Zweifel, allerdings
in einer Weise, die man nicht erwünscht nennen kann. Dieses schöne
Exemplar ist im J. 1684 in Pattana (pattane pure) vermuthlich Patan
in Adschmîr geschrieben [1]).

Durch den Zutritt dieser neuen kritischen Hilfsmittel zu den
bisherigen bin ich zu der Ueberzeugung gelangt, dass es für den
Atharvan so gut wie für den Rigveda und die andern einen in allen
Theilen feststehenden textus receptus gibt. Alle Handschriften dieses
Textes, wie viele und woher wir sie auch zusammenbringen, werden,
die Fehler abgerechnet, zusammenstimmen. Nun ist aber dieser
textus receptus an hundert Stellen grammatisch und sachlich incorrect,
ungeachtet die Überlieferung einstimmig ist. Er ist das in weit
höherem Masse als z. B. der Text des Rigveda, obgleich man auch
von diesem, je weiter die Sicherheit des Verständnisses fortschreitet,
desto deutlicher erkennen wird, an wie zahlreichen Mängeln das überlieferte Wortgefüge leidet.

Es wäre sehr kurzsichtig, wenn man aus der Art der Überlieferung eines Textes während eines gegebenen Zeitraums auf die
Qualität des Textes selbst schliessen wollte. Ich kann zugeben, dass
die vedischen Werke, die wir heute in den Händen haben, seit Jahrhunderten keinen Buchstaben eingebüsst haben, weil sie mit Veranstaltungen umgeben waren, wie nur der subtile indische Grammatiker
sie erfinden konnte, um allen Schaden abzuwenden, ich kann das zugeben, ohne darum glauben zu müssen, dass das — nehmen wir an
seit zweitausend Jahren — unversehrt überlieferte Gut an sich intact

---

1) Das Ms. war begleitet von Kauçika gŗhjasûtra, Vaitânasûtra und Anukramaṇikâ,
sämmtlich Inedita in alten Handschriften, für deren Erlangung ich Prof. George Bühler in
Bombay und Dr Kielhorn in Poona zu besonderem Dank verbunden bin.

sei. Wer möchte heute behaupten, dass die Bücher des alttestament-
lichen Kanon, die eben so ängstlich gehütet waren, unversehrt seien?
Auf diesen Sachverhalt hinzuweisen ist nicht überflüssig, damit nicht
die Verehrung des Buchstabens der Kritik, die darauf ausgeht den
Sinn und Geist zu fassen, den Weg vertrete.

Wir haben in unserer Ausgabe des Atharvan eine Anzahl der
handgreiflichsten Fehler des recipierten Textes hinausgeschafft. Es
wäre klüger und jedenfalls leichter gewesen dieselben stehen zu lassen,
und der Tradition und ihren Verehrern wird durch Angabe der hand-
schriftlichen Lesart in den kritischen Beigaben vollkommene Genüge
geschehen. In Buch 19 aber und in den Kuntâpa Liedern des 20.
Buchs musste es unerlaubt erscheinen diese Menge von Sünden gegen
Grammatik und Sinn in den Text selbst, der doch lesbar sein soll,
aufzunehmen. Leider hat für diese Abschnitte auch die Pada Handschrift von Poona keine Hilfe gebracht. Man hätte erwarten können
die Auflösung des zusammenhängenden Textes in einzelne Wörter
sollte unwiderstehlich zur Erkenntniss zahlreicher Verderbnisse wenig-
stens in Form und Betonung führen. Das ist aber nicht der Fall.
Der Worttext hat, seltene Ausnahmen abgerechnet, dieselben Ge-
brechen, die in dieser Gestalt nur noch unleidlicher erscheinen. Der
Verfertiger desselben hat in blinder Abhängigkeit von dem überlieferten
Laut, gewiss oft gegen besseres Wissen, das was ihm vorlag verar-
beitet wie es eben gieng.

Für die Kuntâpa Lieder des 20. Buchs gibt auch die Handschrift von Poona nicht den Pada, sondern den Samhitâ Text, nicht
besser und nicht schlechter als die übrigen. Hienach scheint für
diese Stücke die Padaform der Recitation und Schreibung überhaupt
nicht bestanden zu haben, wie ja dasselbe für einzelne Verse und
Lieder anderer vedischer Sammlungen auch vorkommt.

Indessen wie auch die Ansicht über Entstehung, Fortpflanzung und kritischen Zustand der beiden letzten Bücher 19 und 20 sich gestalten mag, sie wird auf die Untersuchung über die achtzehen ersten Bücher keinen wesentlichen Einfluss üben, nachdem durch Whitney's Bearbeitung des sogenannten Prâtiçâkhja zum Atharvan feststeht, dass dieses grammatische Buch nur jene achtzehen zum Gegenstand hat, dass es also eine Zeit gab, wo diese ganze Sammlung der Atharvan und Angiras mit dem achtzehenten Buch abschloss. Ein Ergebniss, das durch Betrachtung des Inhalts und der Reihenfolge der Bücher seine Bestätigung findet.

2. Kann man nun mit Sicherheit sagen, dass die Überlieferung desjenigen Textes, den wir als Atharvan kennen, durch sich selbst nicht zu heilen ist d. h. dass es kein geschriebenes Buch und, was ja bis heute noch nebenher geht, keinen Aufsager dieses Veda gibt, die ein richtigeres Wortgefüge als das uns vorliegende besässen, so ist das nächste, dass wir über diese Überlieferung hinausblicken und fragen, ob es nicht eine andere, vielleicht bessere gebe.

Es ist eine bekannte Sache, dass die verschiedenen Sammlungen alter Lieder Sprüche Formeln usw., welche jede durch eine besondere Benennung unterschieden unter dem gemeinsamen Namen der Veden überliefert sind, nicht die einzigen in ihrer Art waren. Jede dieser Gattungen hatte ihre Arten. Wie in Religionsgemeinden, deren Bestand auf eine Verkündigung oder Lehre zurückgeht, die Feststellung des Inhalts dieser Lehre, da sie nicht bei allen und überall dieselben Wege geht, zu verschiedenen Dogmen und dadurch zu Secten führt, so haben sich in Indien ähnliche Unterscheidungen, wenn auch mehr äusserlicher und darum weniger feindlicher Art, an der heiligen Überlieferung entwickelt und befestigt.

Die vier Veden, in welche der gesammte Stoff dieser Über-

2

lieferung seit alter Zeit zerlegt wird: Lieder, Gesänge, Opfersprüche, Wünsche und Verwünschungen (carmina, incantamenta, devotiones) sind ursprünglich nicht eben so viele Bücher, sondern Bezeichnungen von vier Gattungen des überlieferten Wortes, welche lange Zeit nur im Gedächtniss von Geschlecht zu Geschlecht fortgepflanzt wurden. Sobald aber aus einer dieser Gattungen eine bestimmte Auswahl getroffen und nach Aufeinanderfolge Zahl und Wortlaut der einzelnen Stücke festgestellt wurde — was nach meinen Begriffen nur mit Hilfe der Schrift wirksam geschehen konnte — so entstand ein vedisches Buch. Traf ein anderer Kenner und Lehrer aus derselben Gattung des Überlieferten eine im einzelnen abweichende Wahl und setzte dieselbe in seinem Kreise in Wirksamkeit, indem er diesen Wortlaut dem Gedächtniss seiner brahmanischen Schüler einprägte und in das von diesen Worten durchzogene Ritual einführte, so standen zwei Bücher nebeneinander, welche einen und denselben Veda enthielten, beide aus derselben Tradition erwachsen waren wie zwei Zweige eines Baumes. Darum heissen diese nebeneinander stehenden Sammlungen mit dem Kunstausdruck çâkhâ d. h. Zweige. Die Gesammtheit derer aber, welche ein solches normatives Buch zu ihrer Richtschnur in der priesterlichen Praxis und sonst nahmen, hiess mit einem zweiten technischen Ausdruck caraṇa die Schule oder Secte, übrigens ohne jeden ungünstigen Nebenbegriff.

Es lässt sich annehmen, dass unter gegebenen Verhältnissen diese Unterschiede sich zu wirklichen Spaltungen erweitern konnten; in der Regel jedoch sind sie sehr harmlos, ja so gut wie bedeutungslos. Es liegen uns Beispiele von Textredactionen solcher divergierender Zweigschulen vor, zum Theil so unbedeutend verschieden, dass wir den Verlust anderer vermuthlich nicht sehr zu beklagen haben. Wie kleinen Dingen grosse Wichtigkeit beigelegt werden konnte, ist theils aus der geglaubten Heiligkeit jener Überlieferung in allen ihren Theilen, theils aus der Neigung des indischen Geistes zu subtilen Unterscheidungen zu begreifen. Die beschauliche Musse buddhistischer und christlicher Klöster hat scholastische Systeme erzeugt, so hat der gelehrte Brahmane, dessen Lebensaufgabe die Beschäftigung mit jener Tradition war, Jahrhunderte daran gearbeitet ihre Bedeutung Ausdehnung und Mannichfaltigkeit zu erhöhen und zu vergrössern.

Dass von den Sprüchen des Atharvan mehrere solcher Zweigredactionen vorhanden waren, ist nicht blos an sich wahrscheinlich, sondern auch durch vielfache zum Theil weit zurückreichende Erwähnungen ausdrücklich bezeugt. Könnte nicht die eine oder andere derselben neben der heutzutag in Indien verbreiteten sich noch erhalten haben? Ich habe schon in dem Programm von 1856: Abhandlung über den Atharva Veda S. 7 die Vermuthung geäussert, dass vielleicht in Kaschmir eine besondere Recension dieses Veda zu finden sei.

Auf diese Annahme hatte die Notiz des Freiherrn Karl von Hügel (Kaschmir und das Reich der Siek II, 364) geleitet, dass die Brahmanen Kaschmirs „alle dem Atterwan oder wie sie sagen Atterman Veda angehören." Einen Versuch dieser Spur nach dem noch immer schwer erreichbaren irdischen Paradies nachzugehen habe ich aber erst im J. 1873 gemacht, und dass derselbe vor Kurzem wirklich zur Auffindung des Gesuchten führte, danke ich der erprobten Gefälligkeit meines gelehrten Freundes Dr John Muir in Edinburg, auf dessen Verwendung Sir William Muir Lt. Governor der Nordwest-Provinzen, selbst ein namhafter Gelehrter, bei dem Maharadscha von Kaschmir die Schritte thun liess, durch welche am Ende Novembers 1874 per varios casus eine Handschrift nach Europa geführt wurde, welche aus Srinagar der kaschmirischen Hauptstadt kam und den gewünschten Inhalt haben sollte.

2 *

3. Die Handschrift zählt 410 Papier-Blätter grossen Formats, querfolio, und ist in deutlicher Nâgarî Schrift ohne Accente geschrieben. Das erste Blatt derselben ist mit 2 bezeichnet und es fehlt wirklich der Kopf des Ganzen, sei es dass Blatt 1 unterwegs verloren gegangen ist, oder auch, was mir eben so möglich scheint, dass schon dem Original derselben das erste Blatt gefehlt hat. Es erscheinen nämlich auf den ersten sechs Blättern zahlreiche vom Schreiber offengelassene Lücken, welche darauf hinweisen, dass seine Vorlage beschädigt gewesen ist. Die Handschrift enthält keinerlei Angabe über Ort Zeit Namen des Schreibers und ist nach allen Anzeichen neuen Ursprungs.

In den Unterschriften der Hauptabschnitte bezeichnet sich das Buch meist als âtharvaṇika-paippalâda-çâkhâ, ist also in der That ein Atharvan und zwar eine andere Çâkhâ, als die bisher bekannte, welche ich der Kürze wegen die vulgata nennen will, nämlich die des Pippalâda oder der Schule der Paippalâdi[1]), ein Werk von dessen Vorhandensein man zum ersten Mal erfährt. Die Befriedigung über die Entdeckung wird freilich stark gedämpft, wenn man die Handschrift näher ansieht. Obwohl von geübter Hand in grossen und klaren Buchstaben geschrieben wimmelt sie doch von Anfang bis zu Ende dergestalt von Fehlern, dass auch ein abgehärteter und an die Leistungen unwissender Schreiber, wie sie heutzutage in Indien sind, gewöhnter Leser hier allen Boden verliert. Ich bin darum in meinen Angaben über den Inhalt des Buchs auf dasjenige beschränkt, was sich durch diesen Schleier hindurch erkennen lässt. Der Fund ist wichtig, weil wir nun wissen, dass das Werk existiert, ganz verwer-

---

1) Eine Bestätigung dafür, dass dem Text dieser Name gehört, liefert die Berliner Handschrift 364 (Chambers 110) in welcher die Worte jad râgânaṃ (so zu lesen) çakadhûmaṃ nakshatrâṇj akṛṇvata als ein Spruch der Paippalâda angeführt wird, der sich wirklich so in K. 19 findet, während die vulgata 6, 128, 1 abweichend liest. Verz. d. B. H. S. 89.

then lässt er sich aber erst, wenn bessere Exemplare beschafft werden, etwa das Original der vorliegenden Copie. Und dazu sind wiederholte Aufträge nach Kaschmir gegangen.

Die Häufigkeit gewisser Versehen des Abschreibers deutet darauf hin, dass er aus einer anderen Schriftgattung und zwar aus der in Kaschmir üblichen Nebenform des Nâgarî transscribiert hat. Ich habe noch keine Handschrift dieser Art gesehen und ist vielleicht keine in Europa, aber schon die Schrift des Bibeldrucks in Kaschmiri[1]) und das Alphabet, welches E. Thomas zu Prinseps Essays II, 52 zusammengestellt hat, lassen erkennen, wesshalb der Schreiber immer wieder s und m verwechselt und namentlich, was bei einer Nâgarî Vorlage nicht möglich gewesen wäre, warum er u schreibt für anlautendes ta, und dergleichen mehr. Auch geht aus der im Auftrag Sir William Muirs mit Srinagar gepflogenen Correspondenz hervor, dass man dort zuerst bereit war ein Exemplar in jener kaschmirischen Schrift zu senden. In einem Schreiben des Maharadscha an Herrn T. H. Thornton vom 26. April 1873 wird gesagt: I beg to inform you that a copy of the work has been found in Srinagar. But the work is written in Sharda character, which are distinct from the characters of other parts of the country and are only current in Srinagar. The book is an old copy and its character cannot be read by Sanskrit Scholars of other places than Srinagar. Über dieses Bedenken wurde der Fürst beruhigt. Herr T. H. Thornton schreibt unter dem 23. Mai: Since the dispatch of my letter of the 16th I have had an opportunity while at Srinagar of seeing a Ms. written in the Sharda character, which appears to me to so closely resemble the ordinary written Nagri that there would be no difficulty

---

1) The Holy Bible transl. from the originals into the Kashmeera Language. By the Serampore Mission. Vol. V. New Testament. Serampore: printed at the Mission Press. 1821. 8°. Mehr scheint nicht erschienen zu sein.

to a Sanscrit Scholar interpreting it. This being the case, I have thought it best, in order to save time, to request His Highness to send the Ms. in original for transmission to His Honor the Lt. Governor of the N. W. P. Accordingly the Ms. when received from Jamu will be duly forwarded. — I may mention that the Sharda character is the character in which the Kashmir Sanskrit Manuscripts are ordinarily written. The name is said to be derived from Sardah a village in the vicinity of Chilas[1]). Einer Abschrift geschieht zuerst Erwähnung in einem Schreiben aus Lahore vom 24. October 1873, wo der Vakīl (Geschäftsträger) des Maharadscha auf die Frage nach dem Ausbleiben der Handschrift antwortet: he believed that the cause of delay was that the possessor of the Veda was having it copied *with a view of retaining the copy* — but he promised at once to take measures to expedite transmission of the work. Die nächste Nachricht ist d. d. Lahore 8. Januar 1874, in welcher dem Private Secretary to H. H. the Lt. Governor N. W. P. gemeldet wird: I have the pleasure to advise you of the dispatch to your address of a parcel containing an *original* manuscript copy of the Atharva Veda this day received from His Highness the Maharaja of Kashmir, which I trust will arive safely. Ob nun die zehen Monate später nach Europa gekommene Handschrift dieselbe ist, oder ob ein Original verloren gieng und eine Copie nachgesandt wurde — über diese und andere Fragen fehlt noch die Aufklärung.

4. Ich versuche nun im folgenden das Buch zu beschreiben und einen Begriff von seiner Bedeutung zu geben. Schon in den die

---

1) Gegen diese kaschmirische Etymologie bestehen einige Bedenken. Das Wort ist wohl arabischen Ursprungs und bedeutet Urkundenschrift. Shurṭah und shurṭī bezeichnen auch in Persien einen Schreiber, Notar, und sharṭ Vertrag ist im Hindustani ebenfalls gangbar.

Hauptabschnitte einleitenden Grüssen an Götter, in den Namaskâra trägt dasselbe den Stempel kaschmirischer Herkunft, denn es nennt neben den sonst gangbaren Namen wie Nârâjaṇa Gaṇeça Sarasvatî die weiteren: Ġvâlâ-bhagavatî, Çârikâ-bhagavatî, Çivâ-bhagavatî, Tilottamâ. Die drei ersten sind Beinamen der Göttin Durgâ. Die Çârikâ kennen wir aus den beiden in Kaschmir geschriebenen Werken Râġa-Taraṅgiṇî 3, 349 und Kathâsaritsâgara 73, 100 fgg. Ġvâlâ die Flammengöttin heisst sie als die Genie des wunderbaren Feuers, das in gewissen Zeiträumen aus dem Boden auflodert[1]), und vielleicht ist die Tilottamâ, sonst eine Apsaras und den beiden genannten Büchern ebenfalls bekannt, hier auch als eine Form jener Göttin anzusehen.

Eingetheilt ist dieser Atharvan in zwanzig kâṇḍa d. h. Abschnitte, Bücher. Diese Zahl ist eine alt überlieferte (Weber Indische Studien 13, 433) passt aber nicht auf die vulgata, sofern in dieser Buch 19 und 20 zweifellos spätere Zusätze sind, vielleicht eben deshalb gemacht, um sie mit der Überlieferung in Einklang zu bringen oder einer anderen reicher erscheinenden Recension anzugleichen. Die Anfänge der Bücher sind:

2. arasam prâcjam (AV. 4, 7, 1).

3. â tvâ gan (3, 4, 1).

4. hiraṇjagarbhas (4, 2, 7).

5. piçangabâhvai sindhuġâtâjai.

6. tad id âsa (5, 2, 1).

7. suparṇas tvâ (5, 14, 1).

---

1) »Alle dreizehn Jahre, so geht die Sage, bricht 30 Meilen (15 Kro) von Baramulla, in der Parguna Kamratsch, und drei Kro in den Gebirgen eine Flamme, J o a l a, aus dem Boden, die Soyam heisst. Sobald diess bekannt wird, wandern die Bewohner des Thals in grosser Anzahl zu der Stelle« von Hügel II, 381. G. T. Vigne, Travels in Kashmir, I, 280, und schon Abul Fazl, Ayeen Akbery transl. by Fr. Gladwin II, 167. Vgl. Sanskrit W. B. s. v. ġvâlâmukhî. So heisst auch ein bekannter Wallfartsort im Pandschab, wo Feuer aus der Erde flammt.

8. kathâ diva asurâja (5, 11, 1).
9. ûrdhvâ asja (5, 27, 1).
10. na tad vido jad.
11. vṛshâ te ham.
12. imà stomam arhate (20, 13, 3).
13. agnis takmânam (5, 22, 1).
14. indrasja nu (2, 5, 5).
15. samjag digbhjaḥ.
16. antakâja (8, 1, 1).
17. satjam bṛhad ṛtam (12, 1, 1).
18. satjenottabhitâ (14, 1, 1).
19. dosho gâja (6, 1, 1).
20. dhîtî vâ je (7, 1, 1).

Schluss: tenâham amûm iha vânajâmj â ,mṛtjor â parâvataḥ.

Das Fehlen des Anfangs von Buch 1 ist um so unangenehmer, als gerade über die Eingangsworte eine übereinstimmende Tradition vorliegt, nach welcher dieselben nicht je trishaptâḥ, wie die vulgata beginnt, sondern çà no devîr abhishṭaje gelautet haben sollen, ein Vers mit welchem in der vulgata erst der sechste Absatz des ersten Buches beginnt. Wir können also vorläufig noch nicht bestimmen, ob unsere Recension auch dieses Merkmal trägt, aber möglich ist es, weil der Vers soviel ich bis jetzt gesehen habe an keiner anderen Stelle des Buches vorkommt.

Die erwähnte Tradition ist so constant, dass sie sich nach Ramkrishna Gopal Bhandarkars Mittheilung im Indian Antiquary May 1874 p. 132 in dem sog. Brahmajagna erhalten hat, einer Aufsagung der Anfänge vedischer Bücher, welche für die tägliche Praxis an die Stelle der wirklichen Lesung getreten ist. Wenn es nun Handschriften des Atharvan gibt, in welchen die Worte çà no devîr sowohl an der Spitze des Ganzen als in Absatz 6 vorkommen (Haug,

Brahma 45) so enthalten diese vermuthlich die vulgata, schieben aber zugleich an den Eingang des Ganzen denselben Vers 1, 6, 1 um mit der überlieferten Formel in Einklang zu kommen[1]).

Die einzelnen Bücher zerfallen wie in der vulgata in anuvâka, Lectionen, von ungleicher Anzahl, je nach dem Umfang des Buchs. Die einzelnen Absätze, Stücke innerhalb der Lectionen werden öfters, wie die Bücher Kânḍa genannt. Ein vollständiges Schema mit Zahlangaben lässt sich darüber noch nicht aufstellen, da die Handschrift nicht genau genug ist. Der Umfang der einzelnen Bücher ist sehr verschieden. Buch 16 füllt 78 Blätter, soviel als die fünf Bücher 5 bis 9 zusammengenommen, zerfällt darum in 22 Lectionen; das 19. füllt 45, das 20. 33 Blätter. Der Umfang des Ganzen dürfte denjenigen der vulgata übersteigen.

5. Die nächste mit dem Text vorzunehmende Arbeit, die Herstellung einer Concordanz desselben mit der vulgata, ist ungeachtet des vortrefflichen Hilfsmittels dafür in Band 4 der Indischen Studien, das wir Whitney verdanken, nicht so einfach als man glauben möchte. Theils stehen die Mängel der Abschrift im Wege, theils stimmen die Anfänge der Verse nicht trotz der Gleichheit des übrigen Inhalts. Im Einzelnen wird daher bei einer gründlichen Durcharbeitung sich noch manche Parallele finden, die der ersten Durchsicht

---

1) Für diese Vermuthung scheint eine Bestätigung in der a. a. O. gemachten Mittheilung zu liegen, dass ein Atharvavedin in der Frühe, wenn er den Mund mit Wasser spült, neben dem Verse an die Wasser çâ no devîr auch noch den anderen je trishaptâh, also I, 1, 1 zu recitieren habe. Dieser Vers hat nun mit Wasser lediglich nichts zu schaffen und kann seine gleichzeitige Verwendung nur dem Umstande danken, dass er sich mit dem anderen in die Ehre theilt Anfangsvers — pratipad oder pratîka — zu sein. — Auch wird dort von anderen und wichtigeren Verschiedenheiten nichts erwähnt. — In der Pai. Çâkhâ beginnt der Vers je trishaptâh den zweiten Anuvâka des ersten Buchs.

entgieng, im Grossen aber werden folgende Angaben schon jetzt als feststehend zu betrachten sein.

Buch 1 bis 7 der vulgata sind ihrem bei weitem grössten Theil nach auch in der Paippalâda Çâkhâ enthalten, Buch 8 bis 14 so gut wie vollständig. Von Buch 15 findet sich nur der Anfang; vielleicht dass eine zufällige Auslassung vorliegt. Auch die zwei kleinen Bücher 16 und 17 sind grösstentheils vorhanden. Dagegen fehlt vollständig das 18. Buch mit seinen Todtenliedern. Von den zwei supplementaren Büchern der vulgata fehlt wie zu erwarten war das 20. Buch mit einer kleinen noch zu erwähnenden Ausnahme, dagegen ist, wie man ebenfalls muthmassen konnte, der Inhalt des 19. Buchs, mit Ausnahme etwa eines Duzends der 72 Stücke vorhanden, aber nicht in compacten Massen, sondern überall umher zerstreut. Es liess sich das vermuthen, weil wenn das Buch 19 ein Supplement zu den 18 vorangehenden sein sollte, es seinen Stoff aus verwandten Sammlungen ziehen musste. Unsere Çâkhâ kann also als die Quelle angesehen werden, aus welcher es der Hauptsache nach geflossen ist.

Zu bedauern ist, dass uns Parallelen zu Buch 18 fehlen. Auch für die Kuntâpa Lieder des 20. konnte man ihrer Sonderbarkeit wegen eine Aufklärung wünschen, auf welche man nun wie es scheint wirklich verzichten muss. Dass die ungeniessbare Allegorie des 15. Buchs fehlt, wird man nicht beklagen.

Alle diese Parallelen sind nämlich eben so viele Hilfsmittel der Textkritik, und zwar die besten, die wir uns wünschen können, um vieles werthvoller als jeder etwaige Commentar Sâjaṇas, dessen Vorhandensein wiederholt verkündet sich nicht bestätigt hat und nach Dr Burnells Angaben (The Vamçabrahmana p. XXI) überhaupt zu bezweifeln ist.

Zwei Recensionen desselben Textes, welche, so lange als nicht etwas anderes bewiesen ist, die gleiche Autorität haben und von welchen wir nicht annehmen, dass die eine von der andern abhängig sei, sondern dass sie beide aus einer Quelle schöpfen, müssen in zahlreichen Fällen sich gegenseitig ergänzen und berichtigen. Zugleich werden wir ihre Quelle selbst bis auf einen gewissen Grad kennen und beurtheilen lernen. Und eben dieser Umstand, dass dadurch einiger Einblick in das Zustandekommen der vedischen Sammlungen möglich wird, gibt dem Fund eine weitreichende Bedeutung.

Es wäre voreilig auf Grund der unvollkommenen einen Handschrift schon jetzt einzelne Lesarten beider Seiten gegenüberzustellen und etwa Schlüsse auf die Mängel oder Vorzüge der ihnen zu Gebot stehenden Tradition daran zu knüpfen, aber das ist heute schon zu erkennen, dass die Tradition in Bezug auf die Aufeinanderfolge der Verse, zuweilen auch der Verszeilen höchst unsicher war. So natürlich es ist, dass bei einem lyrischen Lied durch die mündliche Überlieferung gerade diese Art des Zerfalls am häufigsten auftreten muss, so erwünscht ist doch die ausdrückliche gleichsam urkundliche Bestätigung der Thatsache gegenüber den übertreibenden Ansichten von der Zuverlässigkeit der Textüberlieferung, im besonderen des Rigveda, welche immer wieder auftauchen. Wer einmal den Versuch gemacht hat vedische Lieder wirklich zu übersetzen, sie lesbar und begreiflich herzustellen, der wird auch in sonst wohlerhaltenen Stücken gerade an der Reihenfolge der Verse den meisten Anstoss gefunden haben. Zum Beispiel das bekannte Lied zum Opfer des Rosses Ṛv. 1, 162, das im übrigen wohl erhalten ist, kann die Folge der Verse welche uns vorliegt unmöglich ursprünglich gehabt haben, nimmt man aber einige Umstellungen vor, so lässt sich ein ganz befriedigender Gang der Handlung und Gedanken finden. Der kritische Bearbeiter des Veda findet also in dem erwähnten Verhältniss der beiden Recensionen eine willkommene Bestätigung seiner eigenen Untersuchung.

Was aber die Differenz der beiden Texte selbst betrifft, so

durchläuft dieselbe alle Stufen von der unbedeutenden Variante bis zur durchgreifenden Umgestaltung. Vollkommen bis auf den Buchstaben zusammenstimmende Verse werden nicht so häufig gefunden werden als man vermuthen möchte.

In der Vertheilung und Folge des Stoffes durch die einzelnen Bücher besteht eine gewisse Analogie beider Sammlungen, sofern Buch 1 bis 5 der vulgata in Buch 1 bis 9 der Paippalāda Çākhā enthalten sind, und Buch 8 bis 11 in dem grossen 16. Buch, 12 im 17., 13. 14. 16. 17 im 18. Buch der P. sich wiederfinden, nur die auffallende Abweichung liegt vor, dass der Inhalt von Buch 6 und 7 der vulgata in den zwei letzten Büchern der anderen Çākhā eingeschlossen sind. Eine Erklärung dafür zu geben muss einer genaueren Untersuchung vorbehalten bleiben. — Diese Reihenfolge im Grossen wird wie sich von selbst versteht durch eine Menge einzelner Ausnahmen durchbrochen, doch wird durch dieselbe, da sie unmöglich zufällig sein kann, die ursprüngliche Verwandtschaft beider Sammlungen und ein gemeinsamer Ursprung ausser Zweifel gesetzt.

6. Am lebhaftesten wird natürlich unser Interesse durch diejenigen Theile der neuen Çākhā in Anspruch genommen, welche nach Abzug der Parallelen übrig bleiben. Dabei versteht sich, dass unter diesen Begriff auch diejenigen Stücke fallen, welche im Rigveda oder in einem anderen vedischen Buch, das wir besitzen, nachweisbar sind. Zieht man aber auch alles dieses ab, so wird noch immer eine so ansehnliche Masse übrig bleiben, dass sie wohl auf den achten oder neunten Theil des Ganzen geschätzt werden darf. Einen so erheblichen Zuwachs der vedischen Literatur zuzuführen ist der Mühe wohl werth. Für wirklich gewonnen aber wird derselbe erst dann zu achten sein, wenn weitere und bessere Handschriften zur Vergleichung

beigebracht sind. Ich enthalte mich darum auch in diesem vorläufigen Bericht auf den Inhalt jenes eigenen Besitzes der Çâkhâ einzugehen und versuche dafür einige besondere Beziehungen derselben zu anderen Büchern aufzuzeigen. Nur so viel möge darüber hier schon gesagt sein, dass die originalen Stücke ganz den Charakter der Atharva Literatur tragen und zum Verständniss derselben mitwirken werden; auch dem Wörterbuch wird ein nicht unerheblicher Gewinn theils ganz neuen Stoffes, theils weiterer Belege zufliessen, durch welche sich manche Begriffe richtiger werden fassen lassen.

Es ist bekannt, dass in der Regel zu jeder vedischen Sammlung auch ein Lehrbuch des Rituals, Sûtra, gehört, dessen Aufgabe es ist dazu Anleitung zu geben, wie die in der Sammlung enthaltenen Texte in den Recitationen der Opfer und Feste verwendet werden sollen. Und zwar theilen sich dieselben gewöhnlich in die zwei Gebiete Çrauta Sûtra d. h. die Vorschriften für die feierlichen unter Assistenz der Priester und genauer Beobachtung des Ritus zu vollziehenden heiligen Handlungen und Festfeiern, und Grhja Sûtra d. h. Normen für die religiösen Acte, welche den Einzelnen und seine Familie bei allen besonderen Vorkommnissen des Lebens von der Geburt bis an das Grab begleiten sollen, Acte häuslicher Frömmigkeit, welche ohne besondere Veranstaltungen und mit geringem Aufwand von dem Hausvater vollzogen oder veranlasst wurden.

Nun war für den Atharvan bisher nur das Lehrbuch dieser zweiten Art durch eine in der Berliner K. Bibliothek befindliche Handschrift bekannt. Es führt den Titel Kauçika Sûtra (Verz. der Sanskrit Handschriften. Berlin 1853. S. 88)[1]). Dass eine entsprechende

---

1) Inzwischen ist auch A. Kuhn in den Besitz von Abschriften, leider ungenauen, gekommen, die er mir freundlich mittheilte, und habe ich selbst eine Copie des Ms. in Elphinstone College durch Güte des Dr Kielhorn erhalten. Das beste Exemplar ist in der Sendung der Bombayer Regierung enthalten, dem Deccan College in Poona gehörig, geschrieben im

Bearbeitung des Çrauta Sûtra vorhanden gewesen sei war zu vermuthen, aber zweifelhaft, ob dieselbe sieh noch finden lasse. Neuer-
dings ist das Buch unter dem Titel Vaitâna Sûtra, ohne Bezeichnung
des Autors, an mehreren Orten aufgefunden worden, und es liegt mir
davon ein dem Deccan College gehöriges, etwa dreihundert Jahr altes
und sorgfältig geschriebenes Exemplar vor. Der Umfang des Werks
ist geringer als der des Kauçika; es zerfällt in sieben Lectionen mit
zusammen 43 mässigen Kapiteln. Die in demselben als Autoritäten
erwähnten Lehrer kommen auch im Kauçika genannt vor: Bhâgali,
Mâthara, Juvan-Kauçika, es ist also eine Verwandtschaft beider Bücher
anzunehmen.

Der Text, welchen diese beiden Sûtra voraussetzen, ist unbe-
zweifelt die vulgata. Es wird angenommen, dass derjenige, für welchen diese Rituale geschrieben sind, denselben auswendig wisse, alle
Citate dieses Textes beschränken sich daher auf die jedesmaligen An-
fangsworte. Keines der Sûtra, zu welchem Veda es auch gehöre, ist
aber so ausschliessend, dass es nicht da und dort liturgische Vorschriften enthielte, in deren Context gelegentlich auch Sprüche und
Lieder vorkommen, welche nicht dem Veda des Sûtra angehören, also
einem anderen Zweig der heiligen Überlieferung entnommen sein
müssen. Diese Erscheinung ist leicht verständlich, denn das Ritual
ist im Wesentlichen eines, allen Schulen oder Secten gemeinsam und
die kleinen Unterschiede und Spaltungen haben sich erst allmählich
erweitert. In einem solchen Fall werden aber die Texte im vollen
Wortlaut angeführt, es wird also eine Bekanntschaft des Liturgen
mit der anderweitigen Quelle nicht vorausgesetzt.

In diesem Verhältniss, welches ebenso auf frühere Verwandtschaft und Verbindung, wie auf nachfolgende Trennung hinweist, stehen

---

Jahre 1683. Alles zusammen reicht aber noch immer nicht aus, um einen in allen Theilen
correcten Text herzustellen.

die beiden genannten Sûtra zur Paippalâda Çâkhâ. Diese enthält eine grössere Zahl von Sprüchen und Sûkta, welche im Vaitâna z. B. 14. 24 und Kauçika z. B. 72. 91. 107. 115 vorkommen, aber regelmässig als ein fremdes Citat wörtlich aufgeführt werden. Wir sehen also, dass ein Theil der Liturgie der einen Çâkhâ gleichsam noch in die andere hinüberreicht, oder vielmehr, dass die Liturgie unabhängig von der Spaltung der Schulen aus der ungetheilten Überlieferung geschöpft hat.

Ein anderer Zusammenhang besteht zwischen unserer Çâkhâ und dem 20. Buch der vulgata. Es ist bekannt, dass dieses Buch, wenn man von den Kuntâpa Liedern absieht, durchaus dem Rigveda entlehnt ist und nur wenige Verse aufweist, deren Quelle bisher unbekannt war (vgl. das Programm von 1856 S. 21). Es lässt sich nunmehr zeigen, dass dieselben der Paippalâda Çâkhâ entnommen sind, dass diese also nicht blos zum 19., wie schon erwähnt wurde, sondern auch zum 20. Buch der vulgata Stoff geliefert hat; und das Vaitâna Sûtra beweist wirklich, was ich a. a. O. als Vermuthung aufgestellt habe, dass das ganze letzte Buch nur zu Zwecken des Rituals zusammengestellt ist.

Von besonderer Wichtigkeit aber ist es, dass das Gopatha Brâhmaṇa, das einzige welches uns als zum Atharvan gehörig überliefert ist, unsere Çâkhâ für mehrere Citate vor Augen gehabt hat. So findet sich 1, 2, 7 der Vers devânâm usw. angeführt, abweichend in der Fassung von der vulgata 11, 5, 23, aber genau zusammenstimmend mit der Paippalâda Çâkhâ am Ende des 18. Buchs. Desgleichen ist im Gopatha 1, 2, 16 der Vers catvâri çrngâs trajo usw. (Rv. 4, 58, 3) mit der auffallenden Form çrngâs, wofür Rv. und andere Bücher richtig çrngâ haben, aufgeführt. Denselben Fehler — denn es kann nichts anderes sein — zeigt aber auch unsere Çâkhâ; die Entlehnung ist also gewiss aus dieser, nicht aus dem Rigveda gemacht.

Alle diese Beziehungen sprechen für das Alter und die Authentie der uns als Paippaláda Çákhâ vorliegenden Sammlung.

7. Durch die Auffindung einer Çákhâ des Veda, von deren Erhaltung man bisher nichts wusste, wird unsere Aufmerksamkeit nothwendig auf die einheimische Überlieferung über die Vedenschulen gerichtet. Ich stelle deshalb hier zusammen, was über diejenigen des Atharvan sich findet, obschon ich nicht viel Neues beifügen kann.

Im Ganzen dürfte diesen Angaben überhaupt, namentlich da wo sie systematisch auftreten, keine wirkliche Genauigkeit beizumessen sein. Wenn es z. B. vom Jaǵurveda hundert und eine, vom Sâmaveda tausend Denominationen geben soll, so sieht man wohl, dass hier in Bausch und Bogen gerechnet und der Mund voll genommen ist. In mässigen Gränzen hält sich aber gerade das was über den Atharvan gesagt wird, denn in älteren wie jüngeren Quellen werden nur n e u n Schulen desselben gezählt, in den Namen der einzelnen gehen aber die Berichte auseinander.

Aus guten Quellen, dem Mahâbhâshja, das uns W e b e r durch seine grosse Arbeit in Band 13 der Indischen Studien nutzbar gemacht hat[1]), und anderen Erklärungen zu Pânini lassen sich mit voller Sicherheit zunächst drei Namen von Schulen ausheben, nämlich Paippalâda Mauda und Ǵaǵala Ind. Stud. 13, 435, und zwar so dass die beiden ersten ausdrücklich als auf dem Grundbuch, der Samhitâ, beruhende Abzweigungen bezeichnet sind. Ferner tritt als vierter Name aus Pânini selbst 4, 3, 106, wie mir scheint ohne Bedenken, und zwar

---

1) Zu S. 433 und 445, wo von einem Citat aus dem Rigveda die Rede ist, welches sich in unserem Text nicht finden soll, erinnere ich an Ṛv. 4, 5, 10, wo anti shat wirklich steht, nur nicht als Compositum. Diese Auffassung kommt aber auf Rechnung des Verfassers der Kârikâ.

ebenfalls als Samhitâ Schule derjenige der Çaunakin hinzu, die wir —
mag der Name auch bei anderen Veden auftreten — aus der besten
Quelle nämlich aus Kauçika 85 als Âtharvanika kennen. In Bezug
auf die Richtigkeit des Namens Ġâġali und Ġâġala bekenne ich, so
oft er auch geschrieben ist, einigen Unglauben. Man weiss wie die
späteren Bücher mit den alten Namen umgehen und manchmal mit
grosser Consequenz falsche Formen führen, ich halte darum die Vermuthung nicht für allzugewagt, dass überall Bhâgali und Bhâgala zu
lesen sei. Den Bhâgali kennen wir als Atharvan-Lehrer aus Vaitâna
1. 22 und Kauçika 9. 17.

Die zweite Stufe der Überlieferung bildet das Register der
Vedaschulen, der Caraṇavjûha, eine leider in unheilbarer Verderbniss
auf uns gekommene Quelle: Weber, Indische Studien 3, 274. Müller,
Ancient Sanskrit Literature 374. Çabdakalpadruma s.v. veda, Gopatha Brahmaṇa, Introd. p. 6. Aus ihr entnehmen wir zunächst mit
vollkommener Sicherheit den fünften Namen der Devadarçin, welchen
wir ebenso aus Kauçika 85 kennen, wo er neben den Çaunakin angeführt ist. Auf diese fünf beschränkt sich vorläufig unser Wissen;
die übrigen vier der Liste — Tottâjana, Brahmapalâça, Kunakhin,
Caraṇavidja — jeder wieder mit seinen Varianten sind wohl sämmtlich unglaubwürdig. Die sonstigen Autoritäten unseres Veda, die uns
neben Bhâgali in Kauç. 9 genannt sind: Gârgja, Pârthaçravasa, Kânkâjana[1]), Uparibabhrava, Kauçika, Juvan-Kauçika, Ġâṭikâjana, Kauru-
pathi[2]) sucht man also hier vergebens. Besonders auffallend ist das

---

1) Der erste der obigen Namen läge den Zügen nach nicht weit ab von Kânkâjana.
Die Anukramaṇikâ nennt ihn als Liedverfasser zu Av. 11, 9. Derselbe Name ist auch Caraka
1, 12. 4, 6 mit der Bezeichnung bâhika-bhishag, Arzt aus dem Pandschab oder überhaupt
dem Nordwesten unter den Gründern des medicinischen Wissens (sûtrakâra) neben Mârîci
Kâçjapa, Ġanaka Vaideha, Dhanvantari u. a. bekannt. Dieser Wissenszweig berührt sich
aber mit dem Atharvan.

2) Fast alle kommen auch als Liedverfasser in der Anukramaṇikâ vor.

Fehlen des Kauçika, der allenfalls unter Kunakhin verborgen sein könnte[1].

Die dritte und jüngste Stufe der Überlieferung liegt in den Puranen vor und lautet in drei Büchern Vishṇu 3, 6 (A. von F-E. Hall 3. 61) Bhâgavata XII, 7, 1 fgg. und Vâju 60. (Cat. Mss. Bodl. 55) merkwürdig übereinstimmend dahin, dass die Lehre ausgeht von Sumantu auf seinen Schüler Kabandha[2].

Von ihm aus theilt sie sich in die beiden Linien Pathja und Devadarça[3].

Die Schüler des Pathja[4] sind drei: Gâgali Kumudâdi und Çaunaka. Von dem letzten leiten sich Babhru und Saindhavâjana ab, an diesen aber knüpft Vishṇu P. die Schule der Saindhava und der Munġakeça[5], während Bhâgavata P. statt dessen die Schule der Sâvarṇja (hiesige Handschrift Sâvarṇa) anfügt.

Die andere Linie des Devadarça aber setzt sich fort in den vier Zweigen: Mauda (mit vielen schlechten Varianten) Brahmabali Çaulkâjani und Pippalâda.

Bei aller sonstigen Abweichung stimmen also auch diese jüngsten Angaben mit den älteren in den fünf Hauptnamen der Paippalâda Mauda Gâgala (Bhâgala) Çaunakin und Devadarçin überein, die wir demnach als feststehend ansehen können.

1) In ÇKD. ist der zweite bis fünfte Name ganz unbrauchbar; übrigens wird da Snauta und Snautna nicht Snaita usw. (Müller a. a. O.) gelesen.

2) In Bhâg. nicht mit dem Namen genannt. Er ist Gop. 1, 2, 9 und ÇBr. 14, 6, 7, 1 als Âtharvaṇa erwähnt.

3) In Bhâg. Vedadarça, in Vâju Vedasparça, beides fehlerhaft.

4) Von ihnen ist Cat. Mss. Bodl. 55 lin. 34 pathânâm zu verstehen. Ob aber die Form richtig ist und nicht etwa pâthi pâtha oder pâthja lauten muss, lasse ich dahingestellt. Jedenfalls ist darnach die Angabe im WB s.v. patha zu berichtigen.

5) Nach der hiesigen Handschrift: Saindhava-Munġakeçâçca bhinnabhedâ dvidhâ punaḥ. Vâju P. kann ich nicht anders verstehen, als dass dort des Metrums wegen Saindhava für Saindhavâjana gesetzt ist, oder eine Verderbniss vorliegt.

In dem Babhru der Purânen könnte man einen Rest des oben erwähnten Uparibabhrava sehen und der Çaulkâjani (von Çulka) erinnert an Çukra, welcher von der Anukramaṇika mehrfach als Verfasser z. B. zu 5, 14. 31. 6, 134. 7, 65. 8, 5 genannt ist.

Unsere Paippalâda Çâkhâ gehört also zu den in der Überlieferung constant bezeugten. Welchen Namen aber die vulgata geführt habe wissen wir nicht. Am meisten wird wohl die Vermuthung für sich haben, dass sie der Schule des Çaunaka angehörte, weil das ihr angeschlossene grammatische Lehrbuch auf denselben Namen zurückgeführt wird[1]. Das vollkommene Verschwinden der Schulbezeichnung aus den Handschriften des Grundtextes wie der Hilfsbücher scheint darauf hinzudeuten, dass die vulgata seit Jahrhunderten das einzige Buch seiner Art in Indien war und dass jene Nebenbuhlerin sich längst in die Thäler des Himâlaja zurückgezogen hatte.

Man ist übrigens keineswegs genöthigt sich diese und andere brahmanische Literatur aus dem Süden in die Gebirge eingeführt zu denken. Kaschmir hat nicht blos nach der einheimischen Überlieferung eine uralte Hindubevölkerung, sondern es drängt sich von selbst die Annahme auf, dass die indischen Stämme damals als sie am oberen Indus und im Fünfstromland sassen, also kurzgesagt in der vedischen Zeit auch das Land um den oberen Lauf der Vitastâ, Hydaspes der Griechen, also das Thal von Kaschmir innehatten. Zu allen Zeiten ist es das Ziel des Strebens der westlichen und südlichen Nachbarn gewesen sich in den Besitz dieses reizenden Landes zu setzen, das in der Zeit seiner Blüthe wohl zwei Millionen Einwohner gezählt hat. Überall, auch im Berglande, sitzen dort zu Alexanders Zeit indische Stämme, welche erst allmählich, nachdem die Mittelpunkte brahmanischer Bildung sich immer weiter nach Süden in die

---

1) Dass diese Vermuthung auch bei indischen Pandits bestehe, führt Rajendralala Mitra in der Einleitung zu Gopatha Br. an. S. 7.

Halbinsel geschoben hatten, in ein loseres Verhältniss zu der Haupt-
masse treten und von hier als die draussenliegenden, fremden (bâhika
sva. externi) betrachtet und dafür angesehen werden nicht mehr brah-
manisch zu sein.

Über die Verhältnisse der heute in Kaschmir lebenden Brahmanen, welche die Bedrückungen der moslimischen Herrschaften über-
dauert haben, über die Literatur, welche sie noch bewahren und die
Überlieferungen von ihrer Herkunft sind wir sehr unvollkommen un-
terrichtet. Reisende wie Moorcroft und G. T. Vigne fragten darnach nicht. Auch K. von Hügel kannte Sprache und Literatur zu
wenig, um richtig zu fragen, doch ist er der einzige, der sich überhaupt um die Sache bekümmert und uns einige Aufschlüsse gegeben
hat. Die Brahmanen Kaschmirs sollen nach ihrer Angabe (II, 365)
zu den beiden Abtheilungen der Sârasvata d. h. zu den früher um
die Sarasvatî ansässigen Stämmen in dem heiligsten Bezirk von Hindustan, und der Gauer d. h. Gaura oder bengalischen Geschlechter
gehören. Zugleich wird erzählt, dass die Moslim, als sie im Lande
die Herrschaft erlangt hatten, die Andersgläubigen mit Feuer und
Schwert verfolgt haben, so dass diese bis auf eilf Brahmanen zu-
sammengeschmolzen seien, welche in ruhiger gewordenen Zeiten, um
sich wieder zu kräftigen, eine Gesandtschaft nach dem Dekkhan sandten
und von dort vierhundert brahmanische Familien nach Kaschmir ein-
führten. Diese Einwanderung, wenn sie überhaupt historisch ist,
könnte, da das Land erst in der Mitte des vierzehenten Jahrhunderts
der Fremdherrschaft in die Hände fiel, nicht vor dem fünfzehenten
stattgefunden haben.

Es ist nicht gesagt, ob jene beiden brahmanischen Geschlechter
die der eingewanderten oder jener wenigen Überbleibsel aus älterer
Zeit waren. Und der literarische Besitz, um dessen Aufhellung es
uns zu thun ist, müsste über jene Einwanderung hoch hinaufreichen.

Bis jetzt fehlt also noch jede Handhabe, um denselben an bestimmte Geschlechter oder geographische Gebiete anzuknüpfen.

Die schon genannte Geschichte von Kaschmir, die Râgataranginî, so ausführlich sie in manchen Dingen ist und wiederholt von Blüthe-zeiten der Literatur berichtet, enthält keine Erwähnung von vedischer Gelehrsamkeit.

CPSIA information can be obtained
at www.ICGtesting.com
Printed in the USA
LVRC011451200219
608189LV00004B/17